17ᵉ Vente **VIGNÈRES** (Nᵒ 67)

ESTAMPES

ANCIENNES ET MODERNES

PIÈCES HISTORIQUES

PORTRAITS

ET

VUES DE FRANCE

VENTE

HOTEL DROUOT — SALLE Nᵒ 4

Les Jeudi 20 et Vendredi 21 Janvier 1887

A UNE HEURE ET DEMIE

<table>
<tr><td>Mᵉ Maurice DELESTRE</td><td>M. DUPONT aîné</td></tr>
<tr><td>COMMISSAIRE-PRISEUR</td><td>MARCHAND D'ESTAMPES</td></tr>
<tr><td>Rue Drouot, nᵒ 27</td><td>Rue de Seine, nᵒ 21</td></tr>
</table>

PARIS — 1887

[illegible]

[illegible]

[illegible]

[illegible]

CATALOGUE (N° 67)

—

ESTAMPES

ANCIENNES ET MODERNES

PIÈCES HISTORIQUES

PORTRAITS

ET.

VUES DE FRANCE

17ᵉ VENTE

Par suite du décès de M. VIGNÈRES

MARCHAND D'ESTAMPES

HOTEL DES COMMISSAIRES-PRISEURS

RUE DROUOT, 9, SALLE N° 4

Les Jeudi 20 et Vendredi 21 Janvier 1887

A UNE HEURE ET DEMIE

Par le ministère de Mᵉ MAURICE DELESTRE, Commissaire-Priseur,
rue Drouot, 27,

Assisté de M. DUPONT aîné, Marchand d'Estampes,
rue de Seine, 21.

PARIS — 1887

CONDITIONS DE LA VENTE

—

Elle sera faite au comptant.

Les Acquéreurs paieront CINQ POUR CENT, en sus des enchères, applicables aux frais.

Les lots ne seront pas divisés.

ORDRE DES VACATIONS

—

Jeudi 20 Janvier...................... Nᵒˢ   1 à 200
Vendredi 21 Janvier.................   201 à 384

DÉSIGNATION

1 **Alix** (P.-M.). Charlotte Corday. Très belle ép. en couleur, grandes marges.

2 — Les Prisonniers de guerre des Puissances alliées passant dans Paris escortés de la Garde nationale, le 17 février 1814. Très belle ép.

3 **Almanachs.** Almanach pour l'an bissextil 1656, par Le Pautre. Belle ép.

4 — Almanach pour l'an de bissexte 1684; partie du bas. Très belle ép., toute marge.

5 — Almanach impérial, pour l'an 1807, par Pierron. Belle ép.

6 — Calendrier Dieudonné pour 1821, par Bovinet. 2 p., très belles ép., toute marge.

7 **Audouin** (P.). M. Necker, ministre d'état et directeur général des Finances. 2 ép., dont une avant toutes lettres.

8 **Basan.** M. de Nestier à cheval, d'après De la Rue. Très belle ép.

9 **Basset** (Chez). La Mort du patriote Jean-Paul Marat, le 13 juillet 1793. Très belle ép.

10 **Benoist** (A.). Portraits de Louis XIV à différents âges. 2 ép., dont une avant la lettre.

11 **Bernardini**. Jean Bart, né à Dunkerque, d'après Rigaud. 2 ép. avec différences dans la lettre.

12 **Berthault**. Batailles de la République et de l'Empire. 40 p.

13 **Bligny**. Louis-César Le Tellier de Louvois, comte d'Estrées, grand in-fol. Belle ép.

14 **Boilly** (L.). Réunion d'artistes, par A. Clément. Très belle ép., avec le trait explicatif.

15 **Boilly** (J.). Biographie des Femmes auteurs, avec fac-simile d'autographes. 22 p.

16 **Boisseau**. Profil de la Ville épiscopale d'Amiens, capitale de la Picardie. Très belle ép.

17 **Broockshaw**. Louis XVI, roi de France. Très belle épreuve.

18 **Brun** (F.). Portrait d'Ambroise Spinola, à cheval. Très belle ép.

19 **Campion** (C.). OEuvre de Campion : Vignettes, Portraits, Paysages, Marines. 1 vol. in-fol., br., contenant 86 p. Très bel exemplaire.

20 **Cazin** (J.-B.). Fête en 1805. Belle ép. avant toutes lettres en couleur, toute marge.

21 — La même Estampe. Belle ép. avant toutes lettres, en noir.

22 — Frise antique trouvée au Port au blé. Belle ép. Rare.

23 **Chambars**. La Mort de Turenne, d'après Lenoir. Très belle ép. avant la lettre.

24 **Chapuy**. Plan de la Bastille. Belle ép. en couleur, toute marge.

25 **Chastillon** (Cl.). L'Ordre successif des Princes de
Maurienne, Comtes et Ducs de Savoie, depuis
l'an 1000 jusqu'à ce jourd'huy 1593. Très belle ép.
Rare.

26 — Vues de Louviers et de Mortaigne. 2 p., belles
épreuves.

27 **Chataignier**. Bonaparte en costume de Consul.
Belle ép. coloriée.

28 — Mme Bonaparte, in-8. Belle ép., toute marge.

29 **Chenu**. Convalescence de Louis XIV, d'après Lar-
gillière. Très belle ép. avant la lettre, toute marge.

30 **Chevillard** (J.). Les Noms, Qualités, Armes et
Blasons de MM. les Secrétaires d'état, avec Portrait
de Henri II. Très belle ép.

31 **Chronologies**. Portraits de toutes les Reines de
France jusqu'à Marie-Thérèse d'Autriche. Belle ép.

32 — Portraits de tous les Rois d'Espagne jusqu'à
Philippe IV. Belle ép.

33 — Arbres généalogiques de la Maison de France, etc.
7 p.

34 **Claëssens** (L.-A.). Sujets divers, d'après Rem-
brandt, Van Dyck et autres Maîtres. 15 p. avant
la lettre sur chine. Très bel exemplaire.

35 **Cochin** (C.-N.). Dessin de l'Illumination et du Feu
d'artifice donnés à Monseigneur le Dauphin, à Meudon, le 3 septembre 1735. Très belle ép. avant toutes
lettres.

36 — La même Estampe. Très belle ép.

37 **Cochin** (C.-N.). Allégorie. Minerve présentant à Louis XVI le portrait de Henri IV, in-fol. Très belle ép. avant toutes lettres.

38 — La Philopatrie, nouveau personnage iconologique représentant l'Amour de la Patrie, par P. Laurent. Très belle ép. Rare.

39 **Colibert**. La Philosophie et l'Innocence rendent les derniers devoirs à Franklin. — Les Cendres de Voltaire et de J.-J. Rousseau sont portées au tombeau des Grands Hommes, d'après Boiseau. 2 p., très belles ép., toute marge.

40 **Copia**. Le Triomphe de la République. Très belle ép. à l'eau-forte pure, toute marge.

41 — Le Maréchal-Ferrant de la Vendée. Ep. à l'eau-forte pure, avant l'encadrement.

42 — La même Estampe. Très belle ép. avant la lettre grandes marges.

43 **Costumes**. Feuilles de Costumes de théâtre. 8 p., la plupart coloriées.

44 — Anciennes Feuilles de soldats français et étrangers. 19 p. coloriées.

45 **Couché** fils. Les Adieux de Napoléon Ier à son armée. Très belle ép. avant la lettre, toute marge.

46 — Retour de Bonaparte. — Départ de Louis XVIII, d'après Heim. 4 p., dont deux avant la lettre.

47 — Courtoisie du chevalier Bayard. — La Mort de Thoyras. — Le Patriotisme des habitants de Calais, etc. 6 p., belles ép.

48 **Couché** fils. Mort du prince de Brunswick, le
Triomphe de la Valeur, Courtoisie du chevalier
Bayard, etc. 6 p., belles ép.

49 **Debucourt.** Louis XVIII, en buste et en pied. 2 p.,
belles ép.

50 **Demarteau.** Le Comte et la Comtesse d'Artois,
bustes grandeur naturelle. 2 p. à la sanguine.

51 — Le Comte et la Comtesse de Provence, bustes
grandeur naturelle. 2 p. à la sanguine.

52 — Portrait de Marie-Antoinette, buste grandeur
naturelle. Ep. à la sanguine, tachée.

53 **Desrais.** Louis XVI, en pied, par Deny. 2 ép., dont
une coloriée, toute marge.

54 **Dessins.** Trois Portraits d'hommes, un Portrait de
femme et deux Portraits d'enfants, par Bachelier, de
Rouen. Ensemble 6 très beaux dessins aux crayons
de couleur rehaussés de pastel, dans le plus parfait
état. Dessinés d'après nature à Rouen, en novembre
1785.

55 — Portrait du comte de Villèle, par F. Radot. Dessin
à l'encre de chine. Signé.

56 — Études de fleurs, par J.-L. Prévost. 10 jolis
dessins à la pierre noire.

57 — Fleurs par Binelli, Gerbo, etc. 72 dessins au
crayon, à la plume et à l'aquarelle.

58 **Ducerceau.** Vues et Plans du Palais des Tuileries.
3 p.

59 — Vues et Plans du Louvre. 9 p., belles ép.

60 **Ducerceau**. Château de Beauregard. 3 p.

61 — Château de Blois. 5 p.

62 **Dumont**. Portrait de Napoléon Ier en grand costume, par Bourgeois de la Richardière. Très belle ép. en couleur.

63 **Dupin** fils. Le comte d'Artois, d'après Hall, in-4. 2 très belles ép., toute marge.

64 **Duplessis-Bertaux**. Entrée du roi Louis XVIII à Paris. Ep. à l'eau-forte pure, toute marge.

65 **Ecole anglaise**. Allégorie sur Louis XVII. Ep. avant toutes lettres.

66 **Edelinck** (G.). Les Hommes illustres, par M. Perrault. Paris, Antoine Dezallier, 1696; tome Ier. 1 vol. in-fol., rel.

67 **Escrime**. Brevet de canne, Brevet de bâton, Brevet de courte-pointe, Brevet de danse. 10 p. coloriées.

68 — Brevet de courte-pointe, par V. Adam. 10 ép. coloriées.

69 **Etex** (Ant.). Cours élémentaire de dessin, par Antoine Etex. — La Grèce antique. Ensemble 90 planches et texte.

70 **Fessard** (Et.). L'Adoration des bergers, d'après Boucher. Ep. à l'eau-forte pure.

71 — Le Parlement de Bourgogne, d'après Hallé. Très belle ép.

72 — La Mort du capitaine Cook, d'après Webber. Belle ép., toute marge.

73 **Fessard** (Et.). Gravures au trait, d'ap. les Tableaux des Maîtres primitifs. 52 p. en nombre.

74 **Frosne** (J.). L'Hôtel de Ville de Paris, avec les armoiries des Échevins. — Statue de Louis le Grand. 2 p., très belles ép.

75 **Gantrel** (St.). Représentation de l'appareil que les Pères Jésuites du collège Louis-le-Grand ont fait dans la cour des classes, pour l'heureuse naissance du duc de Bourgogne, en 1682. Très belle ép.

76 **Gatine.** Costumes de Femmes de la Normandie, d'après Lanté. 16 p. coloriées.

77 **Gautier** et autres. La Liberté, la Raison, l'Égalité, la Loi, la Fraternité, l'Héroïsme français, la Bienfaisance. 8 p., très belles ép., dont une en couleur, toute marge.

78 **Gibelin.** La Coalition. — Le Bonheur public. 2 p., belles ép.

79 **Girardet** (Ab.). Pacification de la Vendée. Très belle ép. avant la lettre.

80 — Derniers Moments du duc de Berry, d'après Fragonard fils. Très belle ép.

81 **Godefroy.** Allégorie. La Vérité présente à la Justice M. Damade Beller, placé entre ses deux défenseurs, MM. Target et Elie de Beaumont, d'après Notté. Très belle ép.

82 — Réunion des Souverains accompagnant Sa Majesté l'Empereur et Roi, au bal donné par la Ville de Paris le 4 décembre 1809. Très belle ép. en couleur.

83 — Liste de MM. les Députés à l'Assemblée nationale de 1790, d'après Monnet. Belle ép.

84 **Grévedon, Maurin**, etc. Les Femmes célèbres de tous les pays, par Mme la duchesse d'Abrantès. 12 p. et texte (4 ex.).

85 **Hawell** (Rob.). La Cour de Perse. Pièce gr. in-fol. en couleur. Rare.

86 **Helman**. Fédération des départements du Nord, d'après Watteau de Lille. Très belle ép. avant la lettre.

87 **Huet** (J.-B.). Pastorales, Animaux et Paysages gravés à l'eau-forte. 76 p.

88 **Huet** (J.-B.) et **Le Clerc**. Animaux et Études de figures. 40 p. à la sanguine.

89 **Huret** (Grég.). Thèse avec portrait du cardinal de Richelieu, en deux feuilles. Très belle ép.

90 **Isabey** (J.). Madame la Dauphine. 2 très belles ép., dont une avant la lettre sur chine.

91 **Jazet**. Bivouac des Cosaques aux Champs-Élysées, le 31 mars 1814. Très belle ép. en noir.

92 **Jeux**. Le Trente et un ou la Maison de prêt sur nantissement, d'après Guérain. 2 p.

93 — Le Jeu du trente et un, par Sabatelli. Belle ép.

94 — Cartes à jouer, des XVIIe et XVIIIe siècles. 22 p. coloriées.

95 — Jeu des Monuments de Paris, Jeu de l'Industrie humaine, Jeu de l'Histoire de France, Jeu du Salut, etc. 7 p.

96 **Karel du Jardin**. OEuvre de Karel du Jardin, in-fol., br.

97 **Langlois** (E.-H.). Vues de Rouen et du Pont-de-
l'Arche. 20 p.

98 **La Ruelle** (Claude de). Pompe funèbre de Henri II,
duc de Lorraine, à Nancy, le 19 juillet 1608. 2 p.,
très belles ép.

99 **Le Beau.** Louis XVI, en pied, d'après Le Clerc.
Belle ép., toute marge.

100 — Confédération des États du Rhin, le 25 juillet 1806,
d'après Naudet. Très belle ép.

101 — Courses de taureaux à Madrid, d'après Naudet.
Très belle ép., toute marge.

102 **Le Beau** et **Pariseau.** Combats de taureaux, 2 p.
dont une coloriée.

103 **Le Brun.** Plafonds de Versailles, 8 p., très belles ép.

104 **Le Cœur.** Serment fédératif du 14 juillet 1790, d'a-
près Swebach. Très belle ép. en couleur.

105 — Vue du grand trône élevé dans la nef de la
cathédrale de Paris pour la cérémonie du sacre de
Napoléon Ier. — Feu d'artifice sur la place de Grève.
2 p.

106 **Leleu** (A.). Première vue du cortège de Sa Majesté
Napoléon Ier passant devant le palais du Tribunal, le
2 décembre 1804. 2 ép., dont une avant toutes lettres.

107 **Le Roy** (J.). Déclaration des Droits de l'Homme
d'après Lagrenée. Très belle ép.

108 **Lespinasse.** Le Massacre de la Garde Nationale de
Montauban, le 10 mai 1790, par Simonet. Belle ép.

109 **Levachez**. Bonaparte, premier consul, d'après Boilly, avec en bas : la Revue du Quintidi, gravée par Duplessis Bertaux. Très belle ép. en couleur, grandes marges.

110 — Bonaparte, premier consul. In-8°, très belle ép. coloriée.

111 — Charlotte Corday, avec scène en bas, par Duplessis-Bertaux. Belle ép. coloriée.

112 **Lévêque** et **Vendramini**. Portraits de Wellington en pied. 3 p., belles ép.

113 **Lignon** (F.). Naissance du comte de Chambord. Très belle ép. avant toutes lettres. Signée du graveur.

114 **Louvion** (J.-B.). Portrait de Louis XVI, dans un médaillon posé sur un mausolée. Belle ép., toute marge.

115 **Maillart** (Ph.). La Galerie historique ou Tableaux des événements de la Révolution française. Suite de 8 planches grand in-fol. Très belles ép.

116 **Marchand** (J.). Les Dégraissés et le Dégraisseur. Belle ép.

117 **Mariage**. Charlotte Corday, âgée de 25 ans. Belle ép., grandes marges.

118 **Marot** (D.). Vues et Plans du Val-de-Grâce. In-fol., 8 p.

119 **Marot, Mérian**, etc. Vues de Paris, 16 p.

120 **Martinet**. Les Quatre Éléments, dédié à l'Empire français. Belle ép. coloriée.

121 **Masquelier**. Médailles sur la Suisse, règne de
Henri IV. 2 ép., dont une avant la lettre.

122 **Masquelier** le Jeune. Le Siège de Lille, d'après
Watteau père. Ép. avant la lettre.

123 **Monnet** (C.). Allégorie avec le portrait de Mont-
golfier. In-fol., très belle ép. avant toutes lettres,
non terminée.

124 — Assemblée nationale législative de 1789 à 1790,
gravé par Godefroy. Très belle ép., toute marge.

125 — Journées de la Révolution. 10 p., belles ép., toute
marge.

126 **Monsaldy**. Marie-Louise, impératrice, d'après
Isabey, Très belle ép. en couleur.

127 **Moreau** le Jeune. Constitution de l'Assemblée nationale à Versailles, le 1er juin 1789. Très belle ép.,
avec les noms des députés, grandes marges.

128 — La Procession de la déesse Isis, par Giraud.
Ép. avant la lettre.

129 **Méryan**. Profils de la Ville de Paris, 1654. 2 p.,
belles ép.

130 **Née**. Minerve annonce la paix à la Ville de Paris,
d'après Hall. Très belle ép. avant la lettre, toute
marge.

131 **Nee** et **Chenu**. Mariage du duc de Bourgogne,
Convalescence de Louis XV, Minerve annonce la
paix à la Ville de Paris, etc., 6 p.

132 **Niquet** (Cl.). Assemblée des Notables, tenue à Versailles le 22 février 1787. — Séance extraordinaire
tenue par Louis XVI au Palais, le 19 novembre 1787,
d'après Meunier et Girardet. 2 p., très belles ép.

133 **Norblin**. OEuvre de Norblin, composé de 77 planches. 1 vol. in-fol. cart.

134 **Pasquier** (J.-J.). Louis XV tenant le sceau en personne, le 4 mars 1757. Très belle ép.

135 **Perelle**. Vues de Paris, 27 p., belles ép.

136 **Perissin** et **Tortorel**. Scènes de la Saint-Barthélemy. 10 p.

137 **Petit**. Henri IV et Sully, portraits en calligraphie, d'après Bernard. 2 p., très belles ép.

138 **Picart** (B.). Charles Ier, décapité au Palais de Whitehall. — Le supplice de Marie-Stuart, etc. 5 p., belles ép.

139 **Pièces historiques**. Pourtraict de l'Assemblée des États, tenue en la ville d'Orléans, au mois de janvier 1560. Pièce gravée sur bois, fatig.

140 — Scènes de la Saint-Barthélemy, d'après Périssin et Tortorel. 30 p., très belles ép.

141 — Procès de la Maréchale d'Ancre et Assassinat de son mari. Très belle épreuve. Rare.

142 — Assassinat de Henri IV, par Ravaillac. 2 pièces différentes publiées en Hollande. Très belles ép.

143 — Assassinat d'Henri IV par Ravaillac, dans la rue de la Ferronnerie. — Exécution de Ravaillac. 2 p., très belles ép.

144 — Entrée de Marie de Médicis à Amsterdam, en septembre 1610. 8 p., belles ép.

145 — La Pucelle Graveline aux pieds de son Altesse Royale. Belle ép.

146 **Pièces historiques**. Carrousel fait à la place Royale, à Paris, les 5, 6 et 7 avril 1612. Superbe ép.

147 — Départ de Charles II, d'Angleterre pour la Hollande, le 2 juin 1660. Très belle ép.

148 — Disposition de la Milice de Paris lorsqu'elle parut devant Leurs Majestés, à Vincennes, en 1660.— Vue du château de Vincennes en 1650. 2 p.

149 — Assemblée en l'Hôtel du pays du Francq, en la ville de Bruges, le 30 avril 1667. 9 p.

150 — Caricatures hollandaises sur Louis XIV. 12 p., grand in-fol., très belles ép.

151 — Estampe allégorique avec portraits de Louis XV et de Marie Leckzinska. Grand in-fol., belle ép.

152 — Représentation de la Couronne de pierreries qui a servi au sacre de Louis XV, le 25 octobre 1722. Belle ép.

153 — Portraits tirés du sacre de Louis XV. Grand in-fol., 8 p., très belles ép.

154 — Louis XV à la bataille de Fontenoy. 2 p. avant toutes lettres, non terminées.

155 — Le vray Pourtraict de la bataille donnée par M. de Guise, devant Dreux.— Batailles de Fontenoy, Laufelt et Raucoux, par Guélard. — La Malheureuse Famille Calas, etc. 10 p.

156 — Feux d'artifice, sous Louis XIV et Louis XV. 10 p.

157 — Convalescence de Louis XIV, Combat de la Hogue, Supplice de Marie-Stuart, Décoration du trône élevé au balcon de l'appartement de l'Infante, Attentat de Damiens, etc. 13 p.

158 **Pièces historiques.** Extinction de la Société des Jésuites. — Expulsion et Embarquement des Jésuites des états d'Espagne, le 31 mars 1767. 2 p., belles ép.

159 — Le fameux Collier ; pièce gravée en Angleterre. Belle ép.

160 — Représentation exacte de la Riche Couronne du sacre de Georges III, roi d'Angleterre, le 22 septembre 1761. Belle ép., toute marge.

161 — Pièces sur Law et la rue Quincampoix. 4 p.

162 — Le Sacre de Napoléon, d'après David. — Demande en mariage de l'archiduchesse Marie-Louise. 2 p., très belles ép. en couleur.

163 — Fête du sacre de Napoléon Ier, d'après Lecœur. Belle ép.

164 — Sacre et Couronnement de Napoléon Ier. 2 gravures sur bois. Rares.

165 — Fête aux Tuileries, par Malbeste, d'après Isabey. Très belle ép. à l'eau-forte pure.

166 — Illumination de la grande cascade de Saint-Cloud, le jour du mariage de Napoléon Ier avec Marie-Louise d'Autriche. Très belle ép.

167 — Feu d'artifice à l'Arc de triomphe de l'Étoile, en 1810, par Debucourt. Belle ép.

168 — Désespoir des Amis de la France à la découverte de leurs complots. — Portraits exacts des conspirateurs chargés par le Gouvernement britannique d'attenter aux jours du premier Consul. 2 p., belles ép. coloriées.

169 **Pièces historiques**. Portraits de Napoléon-Ier et de Joséphine, avec en bas : la scène du Couronnement. 2 p., très belles en couleur.

170 — Napoléon Ier en costume du sacre. Médaille in-8°, belle ép. coloriée.

171 — Napoléon présentant le roi de Rome au peuple. Belle ép.

172 — Les Adieux de l'Empereur à son armée à Fontainebleau, le 20 avril 1814. 2 ép., dont une en couleur.

173 — Portraits de Napoléon Ier et de sa famille. 80 p.

174 — Chardon, avec portraits en silhouette des souverains de l'Europe. Belle ép. coloriée. Rare.

175 — Séjour des troupes françaises à Nuremberg, de 1801 à 1806. Environ 50 p.

176 — Fêtes, Batailles et Scènes du règne de Napoléon Ier. 27 p.

177 — Fêtes et Batailles de l'Empire, 67 p., plusieurs avant la lettre.

178 — Pompes funèbres de Mgr de Belloy, dans l'église Notre-Dame de Paris, le 10 juin 1808. 3 p.

179 — Retour des Cendres de Napoléon, Révolutions de 1830 et de 1848. 59 p.

180 — Pièces historiques anciennes et modernes, Batailles de l'Empire, Révolutions de 1830 et 1848, etc. Environ 100 p.

181 — Pièces de l'époque de la Restauration, Révolution de 1830, le Retour des Cendres de Napoléon, etc. Environ 120 p.

***

182 **Pièces historiques**. La Mort du duc d'Enghien, dans les fossés de Vincennes. Pièce lithogr., très rare.

183 — Calendrier Dieudonné, gravé par Bovinet. 2 p., belle ép.

184 — Pièces historiques anciennes. 18 p.

185 — Pompes funèbres par Cochin et autres. 12 p.

186 — Pièces historiques et Caricatures allemandes. 15 p.

187 — Pièces historiques et Sujets de l'Histoire de France. 35 p.

188 — Scènes historiques, Costumes, Fêtes, Portraits, Affiches. 76 p.

189 — Pièces historiques, Vues et Sujets divers. 75 p.

190 **Pollard** (R.). Vue du procès de Warren Hastings, écuyer, instruit en présence de la Cour des Pairs, dans la salle de Westminster, le 13 février 1788, d'après Dayes. Très belle ép. en couleur.

191 **Prévost** (B.-L.). Expérience de MM. Charles et Robert, faite à Paris, dans le Jardin royal des Tuileries, le 1er décembre 1783. Très belle ép., toute marge.

192 **Queverdo**. Nouveau Calendrier de la République Française, pour la 3e année. 2 p., belles ép. Rares.

193 **Révolution** (pièces sur la), petit Portrait de Necker, médaillon entouré d'une couronne civique, publié en Hollande. Très belle ép. en couleur, toute marge.

194 — Allégorie et médaillons avec portraits de Necker, Louis XVI, etc. 2 p. en bistre.

195 **Révolution**. Le Compte-Rendu. 3 p. différentes, toute marge.

196 — Collection de Portraits de Necker. 73 p.

197 — Portraits de Necker, avec allégories. 25 p., très belles ép.

198 — Médaillons avec portrait de Louis XVI et allégories. 3 p., imprimées en bleu.

199 — Prise de la Bastille par les Bourgeois et les braves Gardes françaises, de la bonne Ville de Paris, le 14 juillet 1789. Belle ép.

200 — Prise de la Bastille, Plans de la Bastille, Assignats, etc. 20 p.

201 — Allégorie. — A la gloire de la Nation française, avec les noms des députés de l'Assemblée Nationale de 1789. Belle ép.

202 — Déclaration des Droits de l'Homme. 4 p. différentes, très belles ép.

203 — Calendrier National, pour la 2e année républicaine. — Déclaration des Droits de l'Homme. 2 p.

204 — Vue du Jardin National, le jour de la fête de l'Être suprème, le 20 prairial an II. Belle ép.

205 — Exécution de Louis XVI, le 21 janvier 1793, arrestation de Charlotte Corday, massacre de l'Abbaye, Déclaration des Droits de l'Homme, aux Mânes de Mirabeau, etc. 12 p.

206 — La Mort du patriote Marat, assassiné par une Femme du Calvados, le 13 juillet 1793, avec une chanson en bas. Très belle ép. Rare.

207 — La même estampe. Très belle ép.

208 **Révolution.** Urne funéraire avec portrait de Charlotte Corday. Belle ép.

209 — Portraits de Charlotte Corday, Marat, Mirabeau, etc. 14 p,

210 — Vue du Champ de Mars, le 14 juillet 1790. Très belle ép. en bistre.

211 — Eventail. Vue du Champ de Mars le 14 juillet 1790. Très belle ép. sans aucunes lettres.

212 — Eventail formé avec des Assignats. Belle ép. toute marge.

213 — Journée du 10 Août 1792; dédié aux Braves Sans-Culottes. Belle ép.

214 — Pompe funèbre en l'honneur des Martyrs de la journée du 10 Août 1792, d'après Monnet. Très belle ép.

215 — Le Temps passé. — Le Désarmement de la Bonne Noblesse. — Prêtre patriote. 3 p. ovales avec fond rouge.

216 — Le *Mea Culpa* de l'ambassadeur de Mme de Staal. — Le Garde national. 2 p. en bistre.

217 — Le Maréchal-Ferrant de la Vendée, par Copia. Ep. avant la lettre.

218 — Les Martyrs de la Liberté. Très belle ép.

219 — Carte de la Société populaire de Dourdan, an 2. Carte de la Fête de la Paix à Tivoli, Célébration de la Paix générale, Fête Nationale du 1er vendémiaire an 7, Halte-là, monstres. 6 p.

220 — Vue de la Prison du Temple, ovale, in-fol. Belle ép. imprimée en bistre.

221 **Révolution.** Le Dauphin enlevé à sa mère, d'après Pellegrini. 2 p. Belles ép.

222 — Arrestation de Louis XVI et de Marie-Antoinette, in-fol. Très belles ép. avant toutes lettres.

223 — Assassinat de Bassville à Rome le 13 janvier 1793. — Attaque de la Redoute de Montenesino, le 21 germinal, an 4. 2 p. gravées à l'eau-forte par Wicar.

224 — Reprise de la ville de Toulon par les armées de la République contre les Anglais et les Espagnols. 2 p. dont une coloriée.

225 — Attaque de Cavalerie et Infanterie prussiennes, par les troupes de la République. — Combat de Cavalerie de la République avec les Autrichiens. — Bombardement et Prise de la ville de Deux-Ponts contre les Prussiens. 3 p. coloriées.

226 — Emblèmes républicains, avec drapeaux et cocardes. 2 p. coloriées. Rares.

227 — Emblèmes, Têtes de lettres et Fleurons. 40 p.

228 — Allégories et Emblèmes, Arrestation et Supplice de Louis XVI, Calendrier perpétuel, etc. 16 p.

229 — Assignats de quinze sols, dix livres et cinquante livres. Environ 100 p.

230 — Scènes de la Révolution par Duplessis-Bertaux avant et avec la lettre, Adieux de Louis XVI et de Marie-Antoinette, la Liberté, la Force, Caricatures, etc. 28 p. en noir et coloriées.

231 — Scènes de la Révolution par et d'après Duplessis-Bertaux. 38 p.

232 Déclaration des Droits de l'Homme, Constitution de l'Empire, etc. 9 p. coloriées.

233 **Révolution**. Journées de la Révolution par Mounet, Statues de la Liberté, Bataille de la République, Allégories, plans et pièces diverses. 80 p.

234 — Pièces sur la Révolution, l'Empire, Juillet 1830, etc. Environ 100 p.

235 **Reynard** (O.). Ornements d'après les anciens maîtres, livraisons 24 à 44. 125 pièces sur chine grand papier.

236 — Ornements d'après les anciens maîtres. 94 p. sur chine, grand papier.

237 **Reynolds** (S. W). Portrait de Membres du Parlement anglais, in-fol. 13 p.

238 **Ridinger**. Études de Chevaux, etc, 39 p.

239 **Roger** (B.). Démolition de la Bastille. pièce ronde. Belle ép. en couleur.

240 — Louis XIV et ses principaux ministres. 1 vol. in-4 cart., fig.

241 **Romeyn de Hooghe**. Batailles. 22 p.

242 **Roubaud** (Benj.). Souvenirs d'Afrique. 24 portraits, in-fol.

243 **Rugendas**. Bataille de Marengo. — Bataille de Hohenlinden. — Bataille de Stockach. — Bataille de Vérone. 4 p. Très belle ép. en couleur.

244 **Ruotte**. La Liberté, patronne des Français, d'après Boizot. Très belle ép.

245 — Eugène Napoléon, vice-roi d'Italie, in-fol. Belle ép. en couleur.

246 **Saugrain** (El.). Vue du Château de Madrid et du Pavillon de Bagatelle. — Vue du Pont de Neuilly, près Paris, d'après Moreau. 2 p. Très belles ép.

247 **Schiavonetti**. Bonaparte, 1er consul, d'après F. Cossia. Très belle ép.

248 **Schmidt**. George-Auguste Frédéric, prince régnant d'Angleterre, d'après West. 2 ép.; dont une avant toutes lettres.

249 **Schenker**. Louis XVI, d'après Boze. 2 ép. avec différence dans la lettre.

250 **Sergent**. Portrait de Necker, petit médaillon in-12. Très belle ép. en couleur.

251 — Portrait de Necker d'après Duplessis in-4. 4 ép. différentes, dont 3 en couleur.

251 **Silvestre** (Isr.) Le Palais des Tuileries, le Collège des Quatre-Nations, la Maison de Montlouis, située à Ménilmontant, gr. in-fol. 5 p. Belles ép.

253 — Vues de Stenay et de Verdun, en deux feuilles. 2 p. Belles ép.

254 — Château de Vaux, Stenay, Verdun. 3 p. Belles ép.

255 **Tardieu** (Amb.). Portraits de Personnages célèbres, in-8. Environ 400 p. Quelques doubles.

256 — Littérateurs, in-8 ovale. Environ 1500 p. en nombre.

257 — Médecins. Environ 2,500 p. en nombre.

258 — Orateurs. Environ 400 p. en nombre.

259 — Généraux et Célébrités diverses. Environ 500 p. en nombre.

260 **Tassaërt**. Le 31 Mai 1793, d'après Harriet. Très belle ép. Grande marge.

261 — Bonaparte, 1er consul à cheval. Très belle ép.

262 — Charlotte Corday, d'après Hauer. Très belle ép. avant la lettre, tablette blanche. En couleur.

263 — Frédéric le Grand, en buste. Belle ép. en coulenr, toute marge.

264 — Le même portrait, 2me planche. Belle ép. en couleur.

265 **Tempesta** (Ant.). Henri IV à cheval. Belle ép. rognée.

266 **Thévenin** (C.). Prise de la Bastille le 14 juillet 1789. Très belle ép.

267 **Vérité et Cazenave**. Arrestation de Louis XVI, Dévouement de Mme Elisabeth, Journée du 20 juin 1792, Louis XVI, marchant au supplice, etc. Grand in-fol. 6 p.

268 **Vernet** (Carle). Bonaparte à cheval, par Schenker. Belle ép. en bistre.

269 — Chasses, Courses, Etudes de chevaux. 16 p.

270 **Vigneron**. Galerie médicale. 24 p. avec texte.

271 **Volterre** (d'après Daniel de). Portrait d'Henri II roi de France, à cheval. Très belle ép.

272 **Vues**. *Paris*. Anciens plans et profils de Paris. 28 p.

273 — Vues de Paris, anciennes. 60 p.

274 — Le Louvre et les Tuileries. 31 p.

275 **Vues**. Pont des Tuileries, Pont-Neuf et place Dauphine, Pont Notre-Dame, Vues intérieures de Paris. 17 p.

276 — Palais et Jardin du Palais-Royal, Cirque du Palais-Royal. 15 p.

277 — Palais du Luxembourg, Les Invalides. 15 p.

278 — Hôtel-de-Ville, hôtel de Cluny, hôtel de Beauvais, hôtel de Sens, hôtel de Sully. 11 p.

279 — Eglises Notre-Dame, la Sainte-Chapelle, Sainte-Étienne-du-Mont, Saint-Sulpice, la Sorbonne, la Madeleine. 26 p.

280 — Fontaine-des-Innocents, place Louis XV, place Royale, place Dauphine, place Vendôme. 13 p.

281 — Anciens ponts de Paris, Arcs de Triomphe. 18 p.

282 — Portes et Arcs de Triomphe. 23 p,

283 — Le grand Café d'Alexandre. Belle ép. coloriée.

284 — Plans du palais de la Bourse de Paris, par Brongniart. Paris, Crapelet 1814. 1 vol. in-fol. br.

285 — Le vieux Paris. 15 p. lithogr.

286 — Vues diverses. Environ. 150 p.

287 *Amiens*. Anciennes vues et plans d'Amiens, grandes vues par Balan, etc. 37 p.

288 *Arras*. La prise et défaite des Chats d'Espagne par les Rats français, devant les ville et cité d'Arras. Très belle ép.

289 *Arras, Cambrai, Dunkerque*. Vues et plans anciens. 13 p.

290 **Vues**. *Avignon, Besançon*. Vues et Plans anciens. 15 p.

291 *Bayeux*. Broderie historique de Bayeux, attribuée à la reine Mathilde. 1 album in-4.

292 *Bordeaux, La Rochelle*. Plans et vues anciens. 14 p.

293 *Brest, Cherbourg*. Plans et vues anciens. 11 p. en noir et coloriées.

294 *Caen*. Anciens plans, église Saint-Pierre église, Saint-Etienne, ancien Hôtel-de-Ville, maison de Malherbe. 53 p.

295 *Coutances*. La Cathédrale, Drapeau de la Garde Nationale en 1790. 22 p.

296 *Dieppe*. Anciens Plans, Vues du port de Dieppe, Jean Boussard, garde-pavillon du port de Dieppe, etc. 56 p., plusieurs coloriées.

297 *Le Havre*. Vues diverses du port du Havre. gravées par Fielding, Reeve, Salathé, Paul Legrand, in-fol. 5 p. en couleur.

298 — Plans et Vues du Havre. La Tour François Ier, Illumination de la Grande-Rue, en 1749, etc. 40 p., dont plusieurs coloriées.

299 *Lyon*. Plans et Profils anciens. 7 p.

300 *Malmaison* (La). Vues en noir et coloriées. 13 p.

301 *Metz*. Plans anciens. La Cathédrale, le Théâtre., 14 p.

302 *Nancy*. Plans, la Place de l'Alliance, la Carrière. 8 p.

303 *Orléans*. Plans et Profils anciens, l'Église Sainte-Croix. 10 p.

304 **Vues**. *Rouen*. Profils de la ville de Rouen et Plans cavaliers, anciens. 14 p.

305 — Abbaye de Saint-Ouen, Portail, Vues et Plans anciens, la Maison abbatiale. in-fol., 7 p. très belles.

306 — Vues anciennes. La Cathédrale, Portail de Saint-Ouen, le vieux Château, Maison de Pierre Corneille, dessin, le Port de Rouen, Cérémonie de la levée de la Fierte, le Palais de Justice, Plan de l'Hôtel de Ville, etc. 29 p.

307 — Vues diverses de Rouen, gravées par Sutherland, Reeve et Th. Fielding. 7 p. en couleur, belles ép.

308 — Portraits de Descamps, par Cochin, avant la lettre, Le Cornier de Cideville, de Bernières Louvigny, le cardinal d'Amboise, etc. 14 p.

309 — Vues diverses gravées et lithogr. Environ 100 p.

310 *Saint-Germain-en-Laye*. Plan de la Ville et de la Forêt, Château de Saint-Germain, par Silvestre, Perelle, Mérian, Tardieu, etc. 39 p.

311 *Strasbourg*. Vues et Plans anciens, la Cathédrale, Horloge astronomique. 13 p.

312 *Verneuil*. Château de Verneuil, par Du Cerceau, Tour de la Magdeleine. 2 p.

313 *Vincennes*. Château de Vincennes, par Du Cerceau, Pérelle, Moreau. 6 p.

314 — Abbeville, Amboise, Amiens, Angers, Angoulême, Auch. 36 p.

315 — Bayeux, Belfort, Béthune, Blois, Boulogne, Bourges, Eglise de Brou. 28 p.

316 **Vues.** — Calais, Cette, Chambord, Chenonceaux,
Choisy-le-Roi, Clagny, Clermont, Colmar, Compiègne. 36 p.

317 — Dijon, Dôle, Douai, Embrun, Ferney, Fontainebleau, Gentilly, Gravelines, Grenoble, Honfleur.
26 p.

318 — Libourne, Limoges, Loches, Lorient, Louviers,
Maisons, Château de Mariemont, Marly, Marseille,
Meudon, Château de Monceau, Mons, Montbard,
Montpellier, Mouzon. 44 p.

319 — Nantes, Neufchâteau, Pont du Gard, Nîmes,
Pacy, Périgueux, Château de Pierrefonds, Poitiers,
Rochefort, Romans, Rueil. 40 p.

320 — Château de Saint-Cloud, Saint-Cyr, Abbaye de
Saint-Denis, Saint-Malo, Saint-Omer, Saint-Quentin,
Château de Saint-Ouen, Senlis, Soissons. 43 p.

321 — Toulon, Toulouse, Tours, le Tréport, Troyes,
Valenciennes, Vendôme, Verdun, Vienne, Ville-
neuve-le-Roy. 41 p.

322 — Voyage pittoresque de la France, de Laborde,
Département de l'Oise. 48 p., belles ép.

323 — Vues de Normandie, Les Andelys, Meulan, Triel,
Pont-de-l'Arche, La Bouille, Fécamp, Vernon. 12 p.
en couleur.

324 — Vues de Caudebec, Fécamp, Harfleur, Honfleur,
Quillebeuf, Le Tréport, Saint-Valéry-en-Caux. 10 p.,
in-fol. en couleur.

325 — Vues diverses de Normandie. Environ 120 p.

326 — Bourgogne. Vues et Plans de Dijon, Châlons,
Mâcon, Beaune, Auxonne, Cartes anciennes. 47 p.

327 **Vues**. Vues de Picardie, tirées des Arts au moyen-âge, et du Voyage romantique dans l'ancienne France. 36 p.

328 — Vues de Picardie, anciennes et modernes. Environ 100 p.

329 — Anciennes Abbayes. 6 p. grand in-fol.

330 — Panoramas de villes de France, lithogr.; gr. in-fol. 40 p.

331 — Cartes des anciennes provinces de France, Vues étrangères anciennes, etc. Environ 150 p.

332 — Vues et Plans de Londres et autres villes d'Angleterre, Baie de Gibraltar. 25 p.

333 — Vues et Plans de Rome, Églises et Monuments anciens. 44 p.

334 — Venise. Vues anciennes. 21 p.

335 — Vues anciennes de Belgique, Anvers, Bruxelles, Courtray, Liège, Roses, Tournay. 17 p.

336 — Hollande, Allemagne, Autriche, Suède, vues anciennes. 41 p.

337 — Italie, Espagne, Orient. 45 p.

338 — Vues de Suisse, anciennes. 15 p.

339 — Vues diverses, françaises et étrangères. Environ 100 p.

340 **Waterlo** (Ant.). Suite de 88 Paysages de différentes grandeurs, composés et gravés à l'eau-forte, par Ant. Waterlo. 1 vol. in-fol. cart.

341 **Watteau**, de Lille. La quatorzième Expérience aérostatique de M. Blanchard, faite à Lille, le 26 août 1785, par Helman. Très belle ép., grande marge.

342 — Entrée de M. Blanchard et du chevalier Lépinard dans la ville de Lille, le 26 août 1785, par Helman. Très belle ép.

343 **Wille** fils. Petit Vaux-Hall. Belle ép.

344 **Wolff** (Jér.). Profil de la ville de Paris, gr. in-fol. Très belle ép.

345 **Wouvermans** (Ph.). Sujets militaires et autres. 18 p., belles ép.

346 **Gravures diverses**. Sujets de la Vie de Jésus-Christ. Environ 300 p. Très beau lot.

347 — Sujets de la Vie de la Vierge, là plupart anciens. Environ 250 p. Très beau lot.

348 — Sujets religieux, Saints et Saintes, Images. Environ 150 p.

349 — Estampes d'après les Tableaux anciens, tirées de la Galerie du Palais-Royal. 253 p.

350 — Estampes d'après les Tableaux du Musée français, par Robillard et Laurent. 308 p. Très belles épreuves.

351 — Estampes de la même collection, 65 p. avant la lettre.

352 — Fac-simile de Dessins de la collection de Vivant Denon, 340 p.

353 — Estampes anciennes, Portraits, Vues. 67 p.

354 **Gravures diverses** anciennes et modernes. 105 p.

355 — Fleurs anciennes. 72 p.

356 — Fleurs, par Redouté, Prévost, Marchand, etc. 129 p. coloriées.

357 — Fleurs et Fruits, par Brienne, Pascal, Jules Sette, Grobon, etc. 134 p.

358 — Animaux, par Huet, Swanevelt et Londonio. 31 p.

359 — Animaux, Oiseaux, Poissons, anciens et modernes. Environ 150 p.

360 — Animaux, anciens et modernes. Environ 250 p.

361 — Volcans, Grottes. Environ 50 p.

362 — Méthodes d'écriture, Images coloriées, etc. Environ 50 p.

363 — Portraits de Souverains : Louis XI, François I°, Henri II, 37 p.

364 — Souverains, Henri IV. 35 p.

365 — Louis XIV. 29 p.

366 — Louis XV. 16 p.

367 — Louis XVI et Louis XVII. 33 p.

368 — Louis XVIII. 45 p., dont plusieurs en couleur.

369 — Charles X. 52 p.

370 — Le Duc et la Duchesse d'Angoulême. 52 p., plusieurs en couleur.

371 — Duc et Duchesse de Berry, le Duc de Bordeaux, le dernier Prince de Condé, Album de Prague. 54 p.

372 — Rois d'Angleterre. 17 p.

373 **Gravures diverses.** Souverains hollandais et
Allemands. 73 p.

374 — Empereurs d'Autriche, Rois de Suède, de
Pologne. 28 p.

375 — Souverains d'Italie, d'Espagne, de Portugal,
de Belgique, etc. 66 p.

376 — Frédéric-Guillaume, Margrave de Brandebourg
et sa femme, sur la même planche. Très belle ép.

377 — Princes de Savoye. 6 p.

378 — Les Portraits des Polonais et des Polonaises de
la Révolution du 29 novembre 1830. 94 p. et texte.

379 — Portraits anciens. 58 p.

380 — Grands Portraits modernes. Environ 150 p.

381 — Portraits de la collection Delpech, in-8. Environ
300 p.

382 — Un fort Lot de Catalogues de ventes d'Estampes
et de Livres, de 1820 à 1870.

383 — Un Lot de bristols avec un côté blanc, pour
montages.

384 — Environ 20 Portefeuilles, dont quelques-uns en
très bon état.

Vᵛᵉ Renou et Maulde, imprimeurs de la Compagnie des Commissaires-Priseurs,
rue de Rivoli, 144.   300—74702

Vᵛᵉ RENOU ᴇᴛ MAULDE

IMPRIMEURS DE LA COMPAGNIE DES COMMISSAIRES-PRISEURS

Rue de Rivoli, 144